Ein Strauß voll Glück

Herausgegeben und mit Werken von

Friedrich Hechelmann

KNAUR

Besuchen Sie uns im Internet:
www.knaur.de

Originalausgabe Februar 2007

Ein Unternehmen der Droemerschen Verlagsanstalt
Th. Knaur Nachf. GmbH & Co. KG, München

Ein Projekt der AVA international GmbH
Autoren- und Verlagsagentur, Herrsching
www.ava-international.de
Umschlaggestaltung: Agentur ZERO, München
Umschlagabbildung: Friedrich Hechelmann
Layout, Satz und Herstellung: Daniela Nikel, München
Druck und Bindung: Offizin Andersen Nexö, Leipzig
Printed in Germany
ISBN 978-3-426-66216-8

2 4 5 3 1

Anklänge

Liebe, wunderschönes Leben,
Willst du wieder mich verführen,
Soll ich wieder Abschied geben
Fleißig ruhigem Studieren?

Offen stehen Fenster, Türen,
Draußen Frühlingsboten schweben,
Lerchen schwirrend sich erheben,
Echo will im Wald sich rühren.

Wohl, da hilft kein Widerstreben,
Tief im Herzen muss ich's spüren:
Liebe, wunderschönes Leben,
Wieder wirst du mich verführen!

Joseph von Eichendorff

Blaue Hortensie

So wie das letzte Grün in Farbentiegeln
sind diese Blätter, trocken, stumpf und rauh,
hinter den Blütendolden, die ein Blau
nicht auf sich tragen, nur von ferne spiegeln.

Sie spiegeln es verweint und ungenau,
als wollten sie es wiederum verlieren,
und wie in alten blauen Briefpapieren
ist Gelb in ihnen, Violett und Grau;

Verwaschnes wie an einer Kinderschürze,
Nichtmehrgetragnes, dem nichts mehr geschieht:
Wie fühlt man eines kleinen Lebens Kürze.

Doch plötzlich scheint das Blau sich zu verneuen
in einer von den Dolden, und man sieht
ein rührend Blaues sich vor Grünem freuen.

Rainer Maria Rilke

Frage

O Menschenherz, was ist dein Glück?
Ein rätselhaft geborner
Und, kaum gegrüßt, verlorner,
Unwiederholter Augenblick!

Nikolaus Lenau

Sommergesang

Geh aus, mein Herz, und suche Freud
In dieser lieben Sommerzeit
An deines Gottes Gaben;
Schau an der schönen Gärten Zier
Und siehe, wie sie dir und mir
Sich ausgeschmücket haben.

Die Bäume stehen voller Laub,
Das Erdreich decket seinen Staub
Mit einem grünen Kleide;
Narzissus und die Tulipan,
Die ziehen sich viel schöner an
Als Salomonis Seide.

Die Lerche schwingt sich in die Luft,
Das Täublein fleucht aus seiner Kluft
Und macht sich in die Wälder;
Die hochbegabte Nachtigall
Ergötzt und füllt mit ihrem Schall
Berg, Hügel, Tal und Felder.

Paul Gerhardt

An Jeannette

Nimm meine Bücher, meine kleinen Reime,
Mein Häuschen hin, und sei zufrieden, wie ich bin,
Nimm meinen sanften Schlummer, meine Träume
So hold sie sind, auch hin.

Und wenn mir ja noch etwas übrig bliebe,
Mein Becher, Kranz und Stab, so mag es deine sein;
Doch willst du mehr, mein Herz und meine Liebe?
Die sind schon lange dein.

Novalis

Hier lieg' ich auf dem Frühlingshügel:
Die Wolke wird mein Flügel,
Ein Vogel fliegt mir voraus.
Ach, sag mir, alleinzige Liebe,
Wo du bleibst, dass ich bei dir bliebe!
Doch du und die Lüfte, ihr habt kein Haus.

Eduard Mörike

Butterblumengelbe Wiesen

Butterblumengelbe Wiesen,
sauerampferrot getönt, –
o du überreiches Sprießen,
wie das Aug dich nie gewöhnt!
Wohlgesangdurchschwellte Bäume,
wunderblütenschneebereift –
ja, fürwahr, ihr zeigt uns Träume,
wie die Brust sie kaum begreift.

Christian Morgenstern

Trinkt, o Augen, was die Wimper hält,
Von dem goldnen Überfluss der Welt!

Gottfried Keller

»Glück – ein plötzliches Gefühl der Hochstimmung,
ein Sonnenstrahl zwischen den Wolken.
Du musst bereit sein für diesen Moment,
egal, was um dich herum passiert.
Für mein Leben, so wie es jetzt ist,
war mehreres verantwortlich:
fünf Prozent Glück, fünfundzwanzig Prozent Zufall.
Der Rest war eigene Anstrengung.«

Françoise Gilot

Der alte Garten

Kaiserkron und Päonien rot,
Die müssen verzaubert sein,
Denn Vater und Mutter sind lange tot,
Was blühn sie hier so allein?

Der Springbrunn plaudert noch immerfort
Von der alten schönen Zeit,
Eine Frau sitzt eingeschlafen dort,
Ihre Locken bedecken ihr Kleid.

Sie hat eine Laute in der Hand,
Als ob sie im Schlafe spricht,
Mir ist, als hätt ich sie sonst gekannt –
Still, geh vorbei und weck sie nicht!

Und wenn es dunkelt das Tal entlang,
Streift sie die Saiten sacht,
Da gibts einen wunderbaren Klang
Durch den Garten die ganze Nacht.

Joseph von Eichendorff

Leise zieht durch mein Gemüt

Leise zieht durch mein Gemüt
Liebliches Geläute.
Klinge, kleines Frühlingslied,
Kling hinaus ins Weite.

Kling hinaus, bis an das Haus,
Wo die Blumen sprießen.
Wenn du eine Rose schaust,
Sag, ich lass sie grüßen.

Heinrich Heine

»Wer im Kopf jung bleibt,
dem muss der Rest des Körpers nicht so wichtig sein.
Gibt es etwas, das jünger und frischer wirkt
als funkelnde Augen und ein schillernder Geist?«

Richard Gere

Tauberauschte Blumen schließen
Ihrer Kelche süßen Kranz,
Und die schlummertrunknen Wiesen
Wiegen sich in Traumes Glanz.

Wo die wilden Quellen zielen
Nieder von dem Felsenrand,
Ziehn die Hirsche frei und spielen
Freudig in dem blanken Sand;

In der Düfte Schwermut wiegen
Sich die Rosen in den Schlaf
(Das Geheimnis ruht verschwiegen,
Das sie in dem Busen traf);

Denn es schied die Sonne wieder
In der ew'gen Flammen Pracht,
Und es hebt die dunklen Glieder
Abermals die alte Nacht.

Clemens Brentano

»Glück ist wie ein Lichtstrahl,
der den Körper durchfährt, nur flüchtig verweilt
und weiterzieht, bevor die eigene Wahrnehmung
ihn aufhalten kann.«

Jacqueline Bisset

Andenken

Dein Bildnis wunderselig
Hab' ich im Herzensgrund,
Das sieht so frisch und fröhlich
Mich an zu jeder Stund'.

Mein Herz still in sich singet
Ein altes, schönes Lied,
Das in die Luft sich schwinget
Und zu dir eilig zieht.

Joseph von Eichendorff

Herbstbild

Dies ist ein Herbsttag, wie ich keinen sah!
Die Luft ist still, als atmete man kaum,
Und dennoch fallen raschelnd, fern und nah,
Die schönsten Früchte ab von jedem Baum.

O stört sie nicht, die Feier der Natur!
Dies ist die Lese, die sich selber hält,
Denn heute löst sich von den Zweigen nur,
Was von dem milden Strahl der Sonne fällt.

Friedrich Hebbel

Wenn im Sommer der rote Mohn

Wenn im Sommer der rote Mohn
wieder glüht im gelben Korn,
wenn des Finken süßer Ton
wieder lockt im Hagedorn,
wenn es wieder weit und breit
feierklar und fruchtstill ist,
dann erfüllt sich uns die Zeit,
die mit vollen Massen misst.
Dann verebbt, was uns bedroht,
dann verweht, was uns bedrückt,
über dem Schlangenkopf der Not
ist das Sonnenschwert gezückt.
Glaube nur, es wird geschehn!
Wende nicht den Blick zurück!
Wenn die Sommerwinde wehn,
werden wir in Rosen gehn,
und die Sonne lacht uns Glück!

Otto Bierbaum

Frühlingsnacht

Über Garten durch die Lüfte
Hört ich Wandervögel ziehn,
Das bedeutet Frühlingsdüfte,
Unten fängts schon an zu blühn.

Jauchzen möchte ich, möchte weinen,
Ist mirs doch, als könnts nicht sein!
Alte Wunder wieder scheinen
Mit dem Mondesglanz herein.

Und der Mond, die Sterne sagens,
Und in Träumen rauschts der Hain,
Und die Nachtigallen schlagens:
Sie ist deine, sie ist dein!

Joseph von Eichendorff

Der Musensohn

Durch Feld und Wald zu schweifen,
Mein Liedchen wegzupfeifen,
So geht's von Ort zu Ort!
Und nach dem Takte reget,
Und nach dem Maß beweget
Sich alles an mir fort.

Ich kann sie kaum erwarten,
Die erste Blum' im Garten,
Die erste Blüt' am Baum.
Sie grüßen meine Lieder,
Und kommt der Winter wieder,
Sing ich noch jenen Traum.

Ich sing ihn in der Weite,
Auf Eises Läng und Breite,
Da blüht der Winter schön!
Auch diese Blüte schwindet,
Und neue Freude findet
Sich auf bebauten Höh'n.

Denn wie ich bei der Linde
Das junge Völkchen finde,
Sogleich erreg ich sie.
Der stumpfe Bursche bläht sich,
Das steife Mädchen dreht sich
Nach meiner Melodie.

Ihr gebt den Sohlen Flügel
Und treibt durch Tal und Hügel
Den Liebling weit von Haus.
Ihr lieben holden Musen,
Wann ruh' ich ihr am Busen
Auch endlich wieder aus?

Johann Wolfgang von Goethe

»Glücklichsein kann man trainieren wie einen Muskel.
Das Wichtigste: der selbstverständlichen Wunder –
– dass ich sehen riechen hören schmecken fühlen
denken gehen sprechen kann – nicht müde werden.«

Ulla Hahn

Etwas,
was man mit wahrer Liebe betrachtet,
mag vielleicht sterben,
aber wird niemals vergehen.

Andre haben andre Schwingen,
Aber wir, mein fröhlich Herz,
Wollen grad' hinauf uns singen,
Aus dem Frühling himmelwärts!

Joseph von Eichendorff

Der Frühling ist die schönste Zeit

Der Frühling ist die schönste Zeit!
Was kann wohl schöner sein?
Da grünt und blüht es weit und breit
Im goldnen Sonnenschein.
Am Berghang schmilzt der letzte Schnee,
Das Bächlein rauscht zu Tal,
Es grünt die Saat, es blinkt der See
Im Frühlingssonnenstrahl.
Die Lerchen singen überall,
Die Amsel schlägt im Wald!
Nun kommt die liebe Nachtigall
Und auch der Kuckuck bald.
Nun jauchzet alles weit und breit,
Da stimmen froh wir ein:
Der Frühling ist die schönste Zeit!
Was kann wohl schöner sein?

Annette von Droste-Hülshoff

In der Mondnacht

In der Mondnacht, in der Frühlingsmondnacht
Gehen Engel um auf leisen Sohlen;
Blonde Engel, innig und verstohlen
Küssen sie die schönsten Menschenblumen.

Tausendschönchen, allerliebste Blume,
Weiß es wohl, woher der Schimmer stammt,
Der dir heut das Antlitz überflammt:
Bist noch in den Traum der Nacht verloren.

Denkst der Engel, die durchs kleine Fenster
Sich auf Mondesstrahlen zu dir schwangen,
Leise dir zu küssen Mund und Wangen
In der Mondnacht, in der Frühlingsmondnacht.

Paul Heyse

Lob des Frühlings

Saatengrün, Veilchenduft,
Lerchenwirbel, Amselschlag,
Sonnenregen, linde Luft!

Wenn ich solche Worte singe,
braucht es dann noch große Dinge,
Dich zu preisen, Frühlingstag!

Ludwig Uhland

Der Elfe, der in mitternächt'ger Stunde
Zum Tanze geht im lichterhellen Grunde,
Vor deiner mystischen Glorie steht er scheu
Neugierig still von fern und huscht vorbei.

Eduard Mörike

Frühlingslied

Die Luft ist blau, das Tal ist grün,
Die kleinen Maienglocken blühn
Und Schlüsselblumen drunter;
Der Wiesengrund
Ist schon so bunt
Und malt sich täglich bunter.

Drum komme, wem der Mai gefällt,
Und freue sich der schönen Welt
Und Gottes Vatergüte,
Die solche Pracht
Hervorgebracht,
Den Baum und seine Blüte.

Ludwig Heinrich Christoph Hölty

Es ist Nacht

Es ist Nacht,
und mein Herz kommt zu dir,
hält's nicht aus,
hält's nicht aus mehr bei mir.

Legt sich dir auf die Brust,
wie ein Stein,
sinkt hinein,
zu dem deinen hinein.

Dort erst,
dort erst kommt es zur Ruh,
liegt am Grund
seines ewigen Du.

Christian Morgenstern

Und wenn ich selber längst gestorben bin,
Wird meine Erde wieder blühend stehen,
Und Saat und Sichel, Schnee und Sommerpracht
Und weißer Tag und blaue Mitternacht
Wird über die geliebte Scholle gehen.

Und werden Kinder lachen vor dem Tor
Und an den Hecken grüne Zweige brechen,
Und werden Mädchen wandern Arm in Arm
Und durch den Sommerabend still und warm
Mit leisen Lippen von der Liebe sprechen!

Und wird wie heut der junge Erdentag
Von keinem Gestern wissen mehr noch sagen,

Und wird wie heut doch jeder Sommerwind
Aus tausend Tagen, die vergessen sind,
Geheime Süße auf den Flügeln tragen!

Lulu von Strauß und Torney

Im wunderschönen Monat Mai

Im wunderschönen Monat Mai,
Als alle Knospen sprangen,
Da ist in meinem Herzen
Die Liebe aufgegangen.

Im wunderschönen Monat Mai,
Als alle Vögel sangen,
Da hab' ich ihr gestanden
Mein Sehnen und Verlangen.

Heinrich Heine

Warum sterben wollen,
um ins Paradies zu kommen,
wenn man vor dem Haus einen Garten hat.

Persisches Sprichwort

Herausgeber und Verlag haben sich die Freiheit genommen, einzelne Gedichte nur teilweise abzudrucken.
Die jeweiligen Gedichtauszüge stammen aus folgenden Gedichten:

Seite 18: *Im Frühling* von Eduard Mörike
Seite 22: *Abendlied* von Gottfried Keller
Seite 34: *Romanzen vom Rosenkranz: Romanze VII, Kosmes Buße I* von Clemens Brentano
Seite 53: Gedichtzyklus *Geistliche Gedichte* von Joseph von Eichendorff
Seite 63: *Auf eine Christblume I* von Eduard Mörike
Seite 68: *Einst* von Lulu von Strauß und Torney

Trotz intensiver Bemühungen ist es möglich, dass nicht alle Rechteinhaber kontaktiert wurden. Bei berechtigten Ansprüchen setzen Sie sich bitte mit dem Verlag in Verbindung.

Hundert Schmetterlinge schenk ich Dir

Herausgegeben und mit Werken von Friedrich Hechelmann

»Wer Schmetterlinge lachen hört,
der weiß, wie Wolken schmecken.«

Novalis

Das Glitzern von Tau, der Zauber einer Sommerwiese ... und darüber flattern Schmetterlinge wie leuchtende Blumen. Kein anderer versteht es, die Schönheit der Natur einzufangen wie Friedrich Hechelmann. Seine Gemälde – und Gedichte über die Boten der Träume – machen aus diesem federleichten Band ein wertvolles Geschenk für besondere Menschen.

Decamerone

Die schönsten Erzählungen aus Boccaccios Meisterwerk
mit Gemälden von Friedrich Hechelmann

»An mir vor allen Frauen ist's, zu singen,
An mir, der alle Wünsche Rosen bringen!
So komm denn, Amor, Herr in meinem Herzen,
Der du mir Liebe, Hoffnung, Lust gewährtest,
Lass uns ein Lied erheben …«

Als im Jahre 1348 die Pest in Florenz wütet, flüchten sieben Frauen und drei Männer in ein Landhaus. Um sich die Zeit zu vertreiben, erzählen sie sich Geschichten über Liebe und Leid, Treue und Betrug … Ein Stück zeitlose Literatur mit ideenreichen, farbenprächtigen Bildern!

KNAUR